AF245826

LE RETOUR
DES BOURBONS,

OU

COUP-D'OEIL

Sur les causes qui rendent le rétablissement de nos PRINCES LÉGITIMES désirable aux Français de tous les partis et de toutes les opinions.

Contenant des Anecdotes peu connues sur les différentes CONJURATIONS qui se sont succédées pendant la Révolution, et des Fragments *inédits* des ouvrages de M. DE LIMON, ancien conseiller du conseil de MONSIEUR frère du Roi, et rédacteur du Manifeste du duc de Brunswick en 1792.

Par M. BRETON DE LA MARTINIÈRE, traducteur des langues étrangères, assermenté près la *Cour royale.*

A PARIS,

Chez
- GUEFFIER jeune, Libraire; rue Galande, n.º 61.
- MAME frères, Imprimeurs-Libraires, rue du Pot-de-Fer, n.º 14.
- LE NORMANT, Imprimeur-Libraire, rue de Seine, n.º 8.

1814.

AVERTISSEMENT.

Lié par les affections les plus chères à MM. Geoffroy de Limon, j'ai été, il y a peu d'années, exécuteur testamentaire du plus jeune d'entre eux. Je tenais de son amitié quelques écrits du frère à qui il avait la douleur de survivre. Il m'a fait promettre de les publier en tout ou en partie, dès que les circonstances ardemment désirées, mais que nous n'osions espérer, pourraient le permettre. Je remplirai religieusement cette promesse, et je commence par quelques fragments qui, dans les conjonctures actuelles, ne seront pas sans quelque intérêt.

Je crois qu'on lira avec intérêt les

iv

réflexions de cet écrivain sur la vie privée de Louis XVI, sur la personne de son auguste successeur et sur la campagne de 1792. On y reconnaîtra des sentiments dignes d'un homme qui sacrifia les dernières années de sa vie au soutien des princes français.

Ces morceaux détachés sont précédés d'un discours où j'ai fait tous mes efforts pour démontrer la nécessité de se rallier autour d'un seul et même parti, d'oublier toutes les nuances d'opinions.

Peut-être avais-je quelques droits de montrer enfin à découvert des sentiments trop long-temps comprimés, et que je n'ai cependant jamais déguisés. Dans toute ma conduite, dans tous mes écrits, on ne trouverait rien qui fût en contradiction avec les circonstances actuelles. Je n'ai besoin de rétracter ni d'excuser aucune action, aucun discours, *aucune ligne* de mes ouvrages.

Il y avait, je crois, une sorte de courage à m'abstenir, dans ma description de la RUSSIE, publiée à la fin de l'année 1812, et dans celle de l'ÉGYPTE, publiée en 1814, de tout éloge des folles conquêtes d'un guerrier ambitieux, de toute invective contre ses ennemis. *L'impartialité* dont j'ai fait profession dans ces écrits pouvait m'attirer le reproche d'être *partial*.

J'avais manifesté beaucoup plus mes opinions dans la traduction, ou plutôt l'imitation d'un excellent traité de Meiners, intitulé : *Histoire de la décadence des mœurs, des sciences et de la langue des Romains* dans les premiers siècles de l'ère chrétienne (1).

Ce petit ouvrage est propre peut-être à expliquer par quelle influence secrète la *gastronomie* a été érigée de nos jours en une science honorable ; comment on a encouragé un *luxe effréné* et ridicule aux dépens même des intérêts bien entendus du commerce ; et comment la *critique théâtrale* était devenue la branche dominante, que dis-je ? la branche presque exclusive de notre littérature.

Des amis m'ont signalé avec effroi une phrase que j'ai osé insérer dans le

______

(1) Cet ouvrage, en deux vol. *in-18*, fait partie de le *Bibliothèque historique* publiée par le libraire Schœll.

premier chapitre , et dont voici le texte :

« J'espère que la vive émotion que « feront éprouver à mes lecteurs tant « d'images hideuses sera compensée « par un grand nombre de faits inté- « ressants, par *les réflexions et les* « RAPPROCHEMENTS qu'ils feront naître. »

Je n'ai pas besoin d'observer que MM. les journalistes , de qui j'ai souvent reçu des encouragements flatteurs, n'ont pas rendu et n'ont pu rendre compte de ma traduction de Meiners.

La brochure que je publie aujourd'hui est terminée par des extraits de quelques procès célèbres, relatifs à des conspirations contre le gouvernement qui vient de disparaître. J'ai été à portée d'en suivre les débats, d'y recueillir des notes avec la même fidélité, le même scrupule que mit autrefois St. Cyprien à rédiger *en notes tironiennes* les actes des martyrs. Plusieurs des faits que je cite sont peu connus. Je compte donner un jour sur le même sujet un travail plus étendu et plus détaillé.

LE RETOUR

DES BOURBONS.

LORSQUE le roi de Suède Gustave III apprit, en 1789, qu'on venait d'arborer au Palais Royal un signe de ralliement qui devait nous être si funeste, il s'écria : « Cette cocarde fera « le tour du globe! »

Paroles prophétiques, et qui prouvent combien ce monarque, à la veille de périr lui-même sous le fer des assassins, connaissait

---

* Vous avez mis à la tête de vos armées un jeune homme brûlant de l'amour de régner, et qui ne voyait pour cela qu'un moyen, celui de faire naître sans cesse une guerre d'une autre guerre et de vivre constamment au milieu des troupes ; c'était donner des aliments à un vaste incendie.

le caractère des hommes , et prévoyait la tournure des événements !

La révolution prit en effet une marche rapide que rien ne put arrêter. Les hommes qui la dirigeaient, ceux qui se laissaient entraîner par elle, quoique agités par des passions diverses , mus par des intérêts opposés, et professant des opinions divergentes dans tous les sens , parurent en général n'avoir qu'un même principe. Leurs mesures n'étaient point concertées avec une harmonie parfaite , on y trouvait même à peine quelque apparence de calculs, et cependant l'instinct de leur conservation , si je puis m'exprimer ainsi , leur fit adopter cette règle invariable de conduite , de ne jamais faire un pas rétrograde , de s'interdire à eux - mêmes toute possibilité de retour.

Cette maxime a été depuis adoptée et proclamée avec une insolente audace par un factieux obscur. « Il faut, disait Babœuf à ses « complices, il faut porter le peuple à d'irré- « parables excès dès que la conspiration

« aura éclaté. *Une fois l'épée tirée*, nous « jetterons au loin le fourreau (1). »

Les crimes déplorables dont nous ou nos pères avons été témoins, étaient autant de garanties que se donnaient réciproquement et les chefs révolutionnaires et les serviles instruments de leur rage.

La postérité aura peine à croire sans doute que le jour qui suivit la chute de Robespierre n'ait pas vu rentrer sur notre sol sacré les descendants de Henri IV et leurs serviteurs fidèles. On ne concevra point qu'aucun *vote public* n'ait été émis à cet égard, dans une assemblée revenue de sa torpeur, et où se trouvaient tant d'honnêtes gens qui voulaient le bien, tant d'hommes éclairés dont les intentions droites et pures ne sauraient être méconnues.

(1) La cause de la patrie était si noble et si belle, qu'on n'a pas eu besoin de recourir à des moyens aussi odieux pour cimenter la révolution qui, en chassant du trône un ambitieux usurpateur, y rétablit un monarque digne de tout notre amour.

Mais la révolution avait produit de tels bouleversements; elle avait froissé tant d'intérêts, détruit tant et de si grandes fortunes! L'idée seule d'un nouvel ordre de choses devait à son tour jeter l'alarme et faire voir, dans la réparation de tant de calamités, des malheurs non moins terribles. Des échafauds inondés du sang des gens de bien auraient ruisselé bientôt du sang d'une foule d'hommes plus égarés que coupables. Le choc était trop récent pour que la réaction ne fût pas violente, pour que la vengeance ne surpassât point l'injure. Il n'aurait pas dépendu peut-être du prince le plus sage, le plus indulgent , d'arrêter les plus atroces représailles.

On ne pouvait être conduit de la république à une monarchie, même constitutionnelle, que par une suite de transitions qui rendissent presque insensible le passage d'un régime à un autre.

Si la révolution eût été l'ouvrage d'un seul homme, on admirerait dans ses phases diverses les calculs d'une détestable mais adroite politique.

Les novateurs ne s'étaient pas contentés de former un gouvernement, une armée, un culte même avec des éléments tout nouveaux, de déplacer et les personnes et les choses; ils avaient changé jusqu'au calendrier, jusqu'aux mesures usuelles, de l'espace, de la chaleur et du temps lui-même.

On porta peut-être trop loin ces entreprises téméraires. Le peuple retint difficilement le nom des nouveaux mois, et réussit encore moins à se familiariser avec les nouvelles mesures ; il ne fut pas possible de déterminer les horlogers à substituer sur les cadrans des montres et des pendules la division décimale à celle des 24 heures ; et le thermomètre *centigrade* ne fut employé que dans les rapports faits à l'Institut.

Ces innovations toutefois étaient tellement liées, tellement coordonnées entre elles, que, dès le premier moment où l'on toucha à quelques parties de l'édifice révolutionnaire, il menaça ruine. C'était dans sa base même qu'étaient nécessairement frappés les premiers coups de destruction.

Le gouvernement *conventionnel* qui s'éleva après le 9 *thermidor*, et dura jusqu'au fameux 13 vendémiaire, celui du Directoire , le consulat décennal de Buonaparte, et son consulat à vie lui-même, ne furent que des administrations transitoires. Tous les bons esprits considéraient désormais le retour à la monarchie héréditaire comme infaillible. Déjà l'on avait condamné ces tristes abstractions qui depuis dix ans désolaient notre belle patrie. Mais s'il fallait renoncer au gouvernement républicain , si l'on voulait enfin se donner un roi jouissant d'une autorité plus ou moins limitée , sur qui tomberait le choix du peuple? quel serait le nouveau souverain ?

Tous les cœurs appelaient en secret l'auguste chef de la maison de Bourbon , l'héritier légitime de Louis XVI et de Louis XVII, de ce roi enfant qui n'eut jamais d'autre cour qu'une horrible prison, d'autre sceptre que des fers, d'autres courtisans que des geoliers, d'autre trône qu'un lit de douleur, d'autre couronne que celle du martyre !...

L'histoire dira par quelle adresse machia-vélique, par quels bruits vagues habilement répandus, par quelles insinuations plus odieuses que politiquement conçues, un gé-néral qui ne fut point, comme Macbeth, ni comme Cromwell, l'assassin de son roi, sut profiter des crimes de ceux qui l'avaient pré-cédé (1).

Sans trop offenser les républicains, il se concilia les royalistes par des concessions successives ; et l'on était (pour me servir d'une belle expression de Henri IV) tellement affamé de voir un roi, que peu importait celui qui occuperait le trône, pourvu que le trône fût rétabli.

____

(1) Beaucoup de personnes, après le 18 bru-maire, s'imaginèrent que Buonaparte *travaillait* pour les Bourbons. On se rappelle les contes ab-surdes qui furent débités au sujet de la prétendue *épée de connétable*, du *carrosse espagnol*, etc., etc.

Cette tendance générale des esprits était si puissante, si irrésistible, que Buonaparte lui-même se laissa dominer par elle, et fit des fautes qui insensiblement le conduisirent à sa perte.

Le consulat à vie devait combler ses vœux. Il n'avait pas même besoin de rendre cette dignité héréditaire dans sa famille. Sa famille ! il pouvait à peine se flatter alors de laisser des héritiers directs ! Mais son ambition, ou plutôt le cours naturel des choses ne lui permirent pas de s'arrêter. Premier esclave de son despotisme même, il fut entraîné au-delà de son but.

Voyez ce pendule, dont l'immortel Galilée et l'ingénieux Huyghens ont si savamment mesuré les oscillations. Appelé par la gravitation universelle à se contenir dans un point fixe, il y arrive à la suite d'une légère impulsion, mais il ne saurait s'y maintenir. Aspirant sans cesse au repos, il en dépasse à chaque fois le terme.

Tel est Buonaparte. Ses institutions politiques auront toujours pour but le paisible affermissement de son trône; ses expéditions militaires devront toujours, dans sa pensée, être suivies d'une *paix* prochaine; *courtes et glorieuses*, telles seront toutes ses campagnes tant que la victoire demeurera fidèle à ses drapeaux; mais entraîné par un tourbillon dont il n'est pas maître; chassé du port où il vient d'arriver par la perspective d'un nouvel orage, bien plus que par l'ardeur d'une entreprise gigantesque; arbitre pendant quelque temps de la paix et de la guerre, *ex bellis bella serendo*, il verra bientôt prolonger plus qu'il n'aurait voulu le cours de ses sanglants exploits. Il lassera enfin la patience des peuples, épuisera toutes ses ressources, mécontentera jusqu'à ceux qui sont dévoués à son service, et si, comme Annibal, il voit luire une journée de Zama, c'en est fait de sa puissance.

A Dieu ne plaise que j'injurie celui dont l'élévation et la chute ont fait verser des torrents de sang humain! Avare de louanges envers lui lorsqu'il était tout-puissant, je ne souillerai pas plus mes écrits de lâches et inutiles outrages, que je n'aurais voulu naguère avilir ma plume par des éloges mensongers !

Si Napoléon (1) fut, comme Attila, le *fléau de Dieu*, si l'ange exterminateur lui prêta un moment son glaive pour châtier les nations ; il fut aussi l'instrument dont se servit la Providence pour rappeler les Français aux idées libérales, pour restaurer parmi nous, et par degrés insensibles, les principes et les formes de la monarchie.

Sa politique manqua, plus qu'on ne croit, de profondeur. Cet homme, long-temps gâté par la fortune, qui ne rêva jamais que la victoire, sans prévoir les revers, sans faire les moindres dispositions pour une retraite, ne sonda pas assez les replis du cœur humain. Il

(1) Il paraît bien démontré aujourd'hui que *Napoléon*, ou plutôt *Napolione*, est le véritable prénom de Buonaparte. Sans doute il dut substituer à ce nom barbare ceux de Nicolas ou de Maximilien lorsqu'il était à l'école militaire.

méprisa trop les hommes, et composa ses institutions de trop d'éléments disparates. Il s'imagina vainement se faire des partisans dévoués en compromettant certains personnages aux yeux de leur propre parti. Il ne fit pas attention qu'en forçant les membres des plus illustres familles, sous peine d'exil, d'incarcération même, à accepter dans sa maison, dans celles de ses frères ou de ses sœurs, les plus humbles emplois, il préparait une excuse à la défection du plus petit nombre, de ceux qui, nouveaux Sosies, reconnaissaient en lui le *véritable Amphitryon*, de ceux qui ne rougissaient pas de mendier ces fonctions à cause des avantages qui s'y trouvaient attachés.

Engagé dans des guerres toujours renaissantes, comment ne fut-il pas touché de ce mot énergique d'un ministre anglais au parlement d'Angleterre : La guerre, disait cet orateur, ne sera point *perpétuelle*, mais *viagère !* En effet, Buonaparte, aveuglé par la prospérité, s'était tellement lié les mains par d'inutiles jactances, par des phrases glissées comme par hasard dans les bulletins, mais qui demeuraient gravées dans toutes les mémoires, qu'il lui était désormais impossible de conclure une paix qui ne fût pas honteuse.

L'Europe en armes , long-temps désolée par nos incursions, vint enfin transporter dans nos contrées l'épouvantable fléau de la guerre. Buonaparte ne tomba point du trône avec fracas : il en vit chanceler l'un après l'autre les appuis, et la plus étonnante des révolutions rendit tout à coup à notre amour des princes trop long-temps proscrits, trop long-temps méconnus.

Elle s'opéra sans effusion de sang et presque sans obstacles , cette restauration des Bourbons, qui, en 1793, en 1795, en 1799 même (époque du fameux 18 brumaire), aurait été accompagnée de si effrayantes secousses.

Les circonstances heureusement ne sont pas aujourd'hui ce qu'elles étaient il y a vingt ans.

Mettons à part tout esprit de parti ; dépouillons-nous de tout intérêt particulier, et voyons ce qu'eût opéré, il y a une vingtaine d'années, le retour subit à l'antique monarchie.

Lorsque l'infortuné Louis XVI fut précipité de ce trône que d'autres auraient pu garder plus long-temps, mais que nul n'aurait quitté avec autant de courage (1), combien d'obstacles s'opposaient au rétablissement de la paix dans notre malheureuse patrie !

La religion, déjà désolée par l'espèce de schisme qu'y avait introduit le constitution civile du clergé décrétée en 1791, voyait une foule de ses ministres se jeter d'une première erreur dans l'apostasie. Tous les siéges épiscopaux étaient usurpés par des intrus ; les cures même de simples villages avaient tenté l'ambition de moines sécularisés en vertu d'actes civils et sans aucune forme canonique. Quel déchirement pour les consciences, ou plutôt quelle guerre civile, si l'on eût rendu soudainement aux pasteurs légitimes le droit

____

(1) *Alii diutius imperium tenuerint ; nemo tam fortiter reliquerit.* Tacite, *Hist.*

de se transporter auprès de leurs ouailles chéries!

Les parlements avaient fait place à un ordre judiciaire organisé à peu près comme le sont aujourd'hui nos tribunaux de première instance. Pendant plusieurs années ces tribunaux furent formés des éléments les plus impurs, les plus pervers, ou tout au moins, les plus ineptes (1).

(1) Parlez des lois françaises, et ne citez point les *loix du Pape!* disait un président à un avocat célèbre invoquant dans une plaidoirie quelques dispositions *du droit romain.*

Un juge de police correctionnelle, impatienté des dénégations obstinées d'un filou, lui adressa ainsi la parole : « Ah! ce n'est pas toi qui as pris « cette montre? Hé bien ! *dis que c'est moi.* »

Quel tapage dans cette salle! disait avec la même dignité un autre président de police correctionnelle à son auditoire tumultueux, *faut-il que j'aille là bas?*

Dans la ville de ***, le président du tribunal criminel demanda à un voleur, condamné par les jurés, et contre lequel le ministère public venait de requérir huit années de fers, s'il avait quelques ob-

Tout le monde désirait à la place de ces juges éphémères, tout le monde appelait les dignes héritiers du nom, des lumières et des vertus des Séguier, des Gilbert de Voisins, des Dupaty, etc., etc. Mais les parlementaires, revenus trop vite au milieu de nous, n'auraient-ils pas ressuscité leurs anciennes prétentions ? Le parlement de Paris aurait-il oublié qu'après la mort de Charles IX et après celle de Louis XIV il voulut se faire dire les grâces par le grand-aumônier, comme représentant et dépositaire momentané de la puissance souveraine ?

En rétablissant au commencement de son règne les parlements que Louis XV avait voulu détruire et remplacer par d'autres institutions, Louis XVI avait cédé au vœu général, aux inquiétudes vagues que la création du parlement Maupeou avait répandues ; il était d'une

servations à faire sur l'application de la loi : « *Ci-* « *toyen collègue !* répondit l'impudent coquin, « je ne m'entends pas à ces choses-là, arrangez cela « comme pour vous. »

adroite politique de profiter du nouvel ordre de choses pour anéantir ou du moins contre-balancer la dangereuse influence des grands corps de magistrature.

Une des innovations les plus séduisantes et peut-être la seule vraiment utile de la révolution, c'était l'idée d'imiter la constitution anglaise, de séparer la puissance législative du pouvoir exécutif.

Jusqu'alors les rois avaient joui seuls de la prérogative de rédiger, de publier des lois, mais ce n'était pas sans de certaines res-trictions, sans une sorte de partage ; et la force d'inertie qu'ils avaient quelquefois à vaincre était plus dangereuse que les débats d'un corps délibérant.

En effet, les lois de nos souverains n'étaient obligatoires en France que lorsqu'elles avaient été *vérifiées, enregistrées et publiées* dans les cours de parlement. De ces trois formalités, les deux dernières étaient essentielles. Il fal-lait que les lois fussent publiées, pour être connues ; enregistrées, pour qu'elles ne pussent être égarées, oubliées ou altérées. Mais les parlements avaient de plus. le droit de les vérifier, pour s'assurer qu'elles ne contenaient pas de dispositions rétroactives ou portant atteinte aux principes fondamentaux de la monarchie. Nos rois, ne voulant pas que leur volonté pût être surprise, n'avaient pas seulement permis cette *vérification*, ils avaient toujours défendu aux cours de justice d'enregistrer des édits contraires à leurs intentions, toujours justes, toujours pures.

Les cours n'avaient point en ce cas un *veto* absolu, mais suspensif : elles portaient respectueusement leurs remontrances au pied du trône; on pouvait en définitif les contraindre à l'enregistrement dans un *lit de justice*, c'est-à-dire dans une assemblée solennelle, présidée, soit par le monarque, soit par un de ses commissaires. La persévérance dans le refus était punie par l'exil; mais on recourait rarement à ces rigueurs extrêmes. Les membres dont se composaient les parlements n'étaient pas des hommes que l'on pût aisément intimider.

Quoique des décrets n'eussent pas encore ordonné que la justice *serait rendue gratuitement*, ces magistrats vertueux ne recevaient qu'une faible rétribution représentant les intérêts modiques d'une finance énorme; ils sacrifiaient à l'administration de la justice leur fortune, leur temps et leurs veilles même (1).

Il le faut avouer, ce genre de *vérification* était sujet à de nombreux, à de graves inconvénients : souvent un édit enregistré dans tel parlement ne l'était pas dans tel autre; la connaissance des enregistrements et de leur date précise était une des tâches que devait s'imposer le jurisconsulte (2).

Dans la presque totalité des provinces on ne connaissait d'autres impositions que celles

(1) La première audience commençait à sept heures du matin, et les magistrats étaient presque toujours réunis à six heures dans la chambre du conseil.

(2) Telle fut la célèbre ordonnance connue sous le nom de *Code Michaut*.

qui étaient établies par le roi et enregistrées dans les parlements; mais il y avait aussi des *pays d'états* qui avaient le droit de pourvoir, par des *représentants*, à quelques parties d'administration.

Si la révolution qui a fait éclore tant de dé-sastres, qui a couvert notre sol de tant de ruines, laisse après elle quelque bien, ce sera sans doute d'avoir mêlé et confondu toutes les parties hétérogènes dont se composait l'antique législation. Louis XVIII nous a promis un code de lois uniformes ; son auguste frère a paru donner l'assurance qu'un système de représentation, divisé en deux chambres, se-rait établi comme base fondamentale de la nouvelle constitution. Si l'on adopte ce prin-cipe posé dans le projet de constitution, que *le Roi*, *le Sénat*, *le Corps législatif* con-courent à la formation des lois, nous verrons se perfectionner parmi nous la sage législation des Anglais.

Nos essais de *représentation nationale* ont été jusqu'à présent si malheureux : c'est

qu'on avait méconnu un principe que l'ingénieux Addison a exprimé avec tant de finesse
et d'énergie.

« Un seul corps de législateurs, dit l'écri-
« vain anglais, ne vaut guère mieux que la
« tyrannie d'un despote : si vous établissez
« seulement deux autorités, où sera la troi-
« sième pour les départager ? »

*If there be but one body of legislators, it
is no better than a tyranny ; if there are
only two, there will want a casting voice.*

ADDISON, Spect., n° 287.

L'assemblée constituante n'avait pu établir
deux chambres, parce qu'elle avait commis
l'énorme, l'irréparable faute de supprimer la
noblesse, comme si l'on eût pu supprimer
aussi les *aïeux* de tant de familles illustres !

Les auteurs de la constitution de 1795, en
établissant un conseil des Cinq-Cents et un
conseil des Anciens, étaient tombés dans la
plus étrange illusion. Leurs deux conseils
étaient formés d'éléments absolument sem-
blables. Il fallait à la vérité avoir quarante ans

pour-entrer dans le conseil des deux cent cinquante ou des Anciens, mais on pouvait bien au-delà de cet âge être admis dans celui des Cinq-Cents ; en sorte qu'il aurait pu à toute force arriver que le conseil des Anciens fût composé de tous hommes de quarante à quarante-cinq ans, et celui des Jeunes de tous septuagénaires.

De là résultait que, sur sept cent cinquante représentants choisis dans les mêmes classes de la société, une majorité de six cent vingt-quatre votants pouvait être dominée par une minorité de cent vingt-six.

Supposons en effet qu'un projet fût admis dans le conseil des Cinq-Cents à l'unanimité des suffrages ; discuté au conseil des Anciens, il y était rejeté à la seule majorité d'une voix sur le nombre complet des votans, et c'en était assez pour que la disposition la plus sage fût proscrite. Le Directoire n'avait aucune force pour départager les conseils. Il lui était même interdit de présenter des projets rédigés par articles, et il devait, instrument

aveugle, promulguer et exécuter les lois sanc-
tionnées par les Anciens.

Sous Buonaparte nous n'avons vu que des
tâtonnements. Le *Tribunat* a été changé deux
fois, et en définitif supprimé ; ni le Corps
législatif, ni surtout le Sénat n'ont eu une
ligne de démarcation fixe. C'était sur le droit
du glaive que reposait toute notre législation
civile ; et n'en soyons pas surpris, c'était
aussi par le même droit que l'on prétendait
gouverner les consciences !

Attendons avec confiance, avec respect, le
nouveau mode de législation, car il sera sans
doute mieux développé qu'il ne l'a pu être
dans un simple article du décret du Sénat.

Un obstacle plus grave encore s'opposa
pendant longues années au rétablissement de
l'ordre légitime et naturel des choses.

Ces biens prétendus *nationaux*, qui furent
achetés en partie par des spéculateurs avides,
en partie par des hommes égarés ou crédules,
persuadés que la révolution ne ferait jamais
un pas rétrograde, en partie aussi par des

hommes que comprimait la terreur, qui se voyaient forcés de donner, comme on le disait alors, *des gages à la révolution*, ces biens nationaux, usurpés sur d'infortunés possesseurs, ne pouvaient rentrer presque immédiatement dans leurs mains sans de terribles commotions.

Grâces en soient rendues au retour des idées d'ordre et de justice, de nombreuses transactions ont eu lieu entre les anciens et les nouveaux propriétaires ; elles rendent inutiles des lois coactives, qui d'ailleurs seraient impraticables, lorsque ces tristes produits de la confiscation révolutionnaire ont passé par tant de mains, ont été démembrés, partagés, dévastés, hypothéqués et dénaturés de toutes les manières ; lorsque, vendus par expropriation forcée, ils ont souvent passé entre les mains d'un acquéreur qui n'en pouvait connaître la véritable origine (1).

______

(1) Dans les contrats volontaires, le vendeur remet ordinairement au nouvel acquéreur tous les

Dans tous les cas la prescription de dix ou vingt ans , prononcée par toutes les lois anciennes et modernes en faveur de ceux qui ont un juste titre , mettrait à couvert de toute recherche ceux qui ont acquis de la deuxième ou troisième main.

Ah ! sans doute, les spéculateurs qui, moyennant la valeur de deux ou trois années de revenus peut-être, ont acquis et possèdent depuis vingt-cinq ans des immeubles considérables , rougiront de les retenir en présence des anciens possesseurs, ou de leurs héritiers réduits à périr de misère : ils indemniseront du moins par quelques sacrifices ces misérables victimes; ils écouteront le cri de leur conscience, ils ne voudront point que l'on donne

anciens titres constitutifs de la propriété. Il n'en est pas ainsi en matière d'expropriation forcée. Le débiteur obéré , dont les créanciers saisissent l'immeuble , cache très-souvent ses titres , soit pour entraver les opérations , soit pour se ménager un *pot de vin* , ou obtenir quelques compositions amiables de l'acquéreur quel qu'il soit.

à des possessions *légalement*, mais non *légitimement* acquises, le nom d'Hᴀᴄᴇʟᴅᴀᴍᴀ, attribué jadis à une pièce de terre qui fut aussi achetée avec *le prix du sang*.

Créanciers de l'état, rassurez-vous! Depuis long-temps on avait pris soin d'*amortir*, en la réduisant au tiers, une partie considérable de la dette du gouvernement monarchiqùe. On a ajouté, je le sais, aux charges de l'état, et dans une proportion effrayante; mais quelques années d'économie, de sage administration et d'une paix inaltérable, répareront tous les maux.

On ne peut s'empêcher de gémir de pitié, lorsque, revenant sur la cause première qui a amené de si épouvantables catastrophes, on se rappelle que la convocation de la cour plénière, celle des états-généraux, et par suite la révolution et ses horreurs, ont été occasionées par l'inhabileté d'un ministre à combler un déficit annuel de cinquante millions !

Les revenus de la France avant 1789 étaient de 550 millions environ, et les dépenses indispensables de 600 millions. On comptait en circulation plus de deux milliards de numéraire ; la dette de l'état n'était en capital que d'un milliard. Que de ressources pour faire face à tous les besoins !

Et si fata Deûm, si mens non læva fuisset,

. . . . : . . .

Trojaque nunc stares, Priamique arx alta maneres!

Dans ces dernières années , lorsque les dépenses fixées par un budjet presque toujours dérisoire s'élevaient à un milliard quelque cent mille francs et *tant de centimes* (car on avait bien soin de mettre dans les calculs financiers l'apparence d'une exactitude judaïque) , lorsque cette somme ainsi établie par avance était toujours dépassée d'un quart ou d'un tiers, la levée d'un tribut de 5o millions se fût faite d'un trait de plume, sans que les contribuables s'en aperçussent pour ainsi dire ; et c'est pour n'avoir pas acquitté un si faible péage que le vaisseau de l'état s'est vu exposé aux plus horribles tempêtes !

Notre armée rétablie sur le pied de paix ne dévorera plus nos finances ; plus de dilapidations, plus de gaspillages, dix fois plus onéreux que les dépenses réelles ! Bientôt nous verrons sans effort la recette portée au niveau des déboursés indispensables.

Et vous, ouvriers, artisans de toutes les classes, ne vous alarmez point pour votre existence, si le nouveau gouvernement, forcé à de sévères économies, ne prodigue plus les sueurs du peuple pour élever de vains et orgueilleux monuments (1). Tant de ma-

---

(1) La plupart des monuments construits par Buonaparte n'avaient aucun but d'utilité. N'aurait-il pas mieux fait d'achever sa rue de Rivoli et les rues voisines, que d'élever un obélisque, des arcs de triomphe, et tant d'inutiles amas de pierres ? L'achèvement du Louvre pouvait flatter son ambition ; mais j'ose dire que le projet de réunir aux Tuileries ce superbe édifice sera toujours une entreprise impraticable, à cause du défaut de parallélisme des façades. Lorsque l'on publia, il y a peu d'années, divers plans pour résoudre un problème peut-être

tières, tant de travaux utiles réclament vos bras !

Qu'importe d'ailleurs que quelques centaines d'individus trouvent leur existence dans un faste extravagant, si, pour leur payer un modique salaire, il faut dépouiller des milliers d'hommes laborieux ? *Dicut isti lapides panes fiant !* Voilà ce qu'on aurait été obligé de dire un jour à l'auteur de tant d'ex-

insoluble, je remarquai pendant *quelques jours,* chez les marchands de nouveautés, un plan qui ne ressemblait nullement à une caricature, mais dont l'air sérieux était lui-même une assez bonne épigramme. L'auteur du projet conservait l'architecture des façades et des galeries telle qu'elle était, mais il *les changeait de place.* Le lit de la rivière l'incommodait beaucoup ; il avait pris le parti d'en détourner le cours ; on voyait en lignes ponctuées l'ancien lit de la Seine, l'ancien alignement du quai Voltaire, et en traits ombrés la nouvelle direction que l'auteur donnait à cette partie de la rivière pour rendre son ouvrage plus parfait. Il ne faut pas s'étonner si cette ingénieuse critique n'a pas été exposée long-temps aux regards du public.

travagances, lorsque la misère eût été portée à son comble. Les monarques de la Grande-Bretagne n'habitent point un palais fastueux, mais ils équipent des flottes formidables, et ils ont réalisé ce beau vers de Lemierre :

Le trident de Neptune est le sceptre du monde.

Aurions-nous à craindre de voir se renouveler parmi nous les querelles de partis? Tous ne sont-ils pas revenus de leurs illusions? Les constitutionnels de 1791, les républicains de 1793, les admirateurs de la pentarchie de 1795, les enthousiastes du gouvernement militaire du premier consul, tous n'ont-ils pas vu leurs vœux déçus, leurs espérances à jamais détruites? Depuis bien des années ils invoquaient secrètement la clémence de nos princes généreux, et en cela du moins ils ne seront pas trompés. Buonaparte avait pris soin, comme l'a dit l'immortel Pitt au parlement d'Angleterre, *de concentrer en lui tout le jacobinisme.* Il n'existe plus parmi nous d'hommes assez insensés pour renouveler les rêveries absurdes qui nous ont causé tant de malheurs.

Les opinions religieuses ne sauraient non plus apporter aucun trouble dans le corps politique. C'est un prodige peut-être, qu'au milieu des épreuves par lesquelles nous avons passé, il ne se soit pas élevé de véritable schisme; qu'aucun sectaire audacieux n'ait cherché à rallier autour de lui un nombre plus ou moins redoutable de fanatiques. Les protestants eux-mêmes n'ont pas cherché à augmenter leurs prosélytes. Il semble que dans ces derniers temps il n'y ait pas eu de nuances intermédiaires entre la piété solide et éclairée, entre la foi apostolique et romaine et l'impiété absolue. Les impies heureusement ne sont point à redouter; ils ne débitent qu'en secret leurs maximes funestes; ils n'oseraient pas même les propager par la presse, si la faculté leur en était accordée.

Les prétextes dont on s'est servi pour accabler le clergé, pour persécuter tant de ministres vertueux, n'existent plus. Les richesses qui causaient encore plus d'envie que de scandale sont consumées.

Et pourquoi calomnierait-on le clergé? pourquoi imputerait-on à ses membres les écarts peut-être d'un petit nombre? Cet ordre plus ancien que la monarchie française, puisqu'il en a facilité la fondation à Clovis, n'avait pas cessé de la soutenir par ses tributs, de l'éclairer par ses lumières, de l'édifier par ses vertus, de la féconder par ses travaux et ses aumônes. Les religieux ont défriché les terres, recueilli et alimenté le feu sacré des sciences.

Les évêques ont fourni les plus grands hommes d'état dont la France ait à s'honorer.

Les Bossuet, les Fénélon, les Fléchier, les Massillon, les Fleury et beaucoup d'autres ont enseigné aux rois leurs devoirs, leur ont appris à aimer leurs sujets et à s'en faire aimer.

Des prédicateurs éloquents ont instruit les peuples à rendre à César ce qui était à César, à respecter la propriété et les mœurs et à ne point abuser de leur force pour troubler l'ordre public (1).

Les curés, ce corps si vénérable, cette institution sublime de l'Église dont rien n'a jamais approché dans les législations profanes, les curés portaient et porteront toujours dans les classes les plus indigentes des villes et des campagnes des secours et des consolations, l'esprit et la vie.

Jamais aucun ordre de sujets ne fut plus utile à sa patrie, n'eut plus de droits à sa reconnaissance, à son admiration, que le clergé

(1) Voyez le Traité de l'Eloquence de la Chaire par un homme qui, sous l'assemblée constituante, joua un si beau rôle, et lutta avec tant de courage contre de funestes innovations; par un homme qui, donnant en même temps l'exemple et le précepte, eut le privilége inouï d'être élu deux fois à l'académie française, et d'y prononcer à quelques années d'intervalle (en   et en 1807), deux discours de réception ; par un homme enfin qui eût été trop heureux si, nouvel Epiménide, il eût pu sommeiller quelques années!....

français. J'en atteste toutes les nations hos-
pitalières, qui ont recueilli, secouru et con-
solé ce clergé martyr et dispersé, qui ont
connu ses vertus, ses résignations, ses vœux
de tous les instants pour la conversion et le
pardon de ses persécuteurs, et qui n'ont eu
à reprocher à aucun de ses membres ni une
erreur, ni une faute, ni un scandale.

Les prêtres revenus depuis plusieurs années de la terre d'exil, ceux qui n'ont pas
encore revu leur patrie, ont appris, par l'ac-
cueil que leur ont fait les ministres des autres
religions, le prix de la tolérance; ils l'obser-
veront eux-mêmes à leur tour. Et comment
pourrait-il demeurer entre les enfants de Jé-
sus-Christ le moindre germe de dissension,
lorsqu'on voit dans la capitale de la France,
devenue pour un moment celle de l'Europe
entière, des rois, des soldats de tant de religions diverses concourir ensemble et avec la
plus parfaite harmonie, à l'œuvre sublime
de la restauration du roi très-chrétien dans
la plénitude de son pouvoir, et du culte ca-

tholique dans toute sa pureté, dans toute sa splendeur ?

Je m'arrête ici, et je m'écrie avec un pur et zelé royaliste dont la mémoire me sera toujours chère et sacrée, avec M. de Limon, des écrits duquel je vais bientôt mettre sous les yeux de mes lecteurs des passages plus étendus.

« Royalistes ! serrez-vous autour du trône pour le défendre, pour le soutenir ; renoncez à des discussions inutiles qui ne feraient que gêner et embarrasser l'action du gouvernement et mettre obstacle au rétablissement de l'ordre et au bonheur de la patrie.

« Agissez et ne délibérez pas. Si jamais des circonstances funestes commandèrent aux sujets une confiance absolue dans la sagesse de leur roi, ce sont certainement celles dans lesquelles vous vous trouvez ; et si jamais un monarque mérita la confiance sans bornes de ses sujets, c'est certainement aussi le roi que le ciel vous a donné.

« Elevé sur les marches du trône, dont il paraissait séparé par deux générations, il a observé avec soin les fautes et les erreurs des deux règnes dont il a été témoin, et il a appris et médité le grand art de régner avant qu'il lui fût nécessaire. Ses connaissances profondes de l'histoire seront une boussole qui ne lui permettra pas de s'égarer. Sa sagacité, ses lumières qui ne lui feront pas craindre d'être heurté par des conseils sages et courageux, le porteront à les chercher, à les demander et à les suivre.

« Ferme sans opiniâtreté, conciliant sans faiblesse, juste sans rigueur, religieux sans superstition, il s'instruit, depuis bien des années à l'école des malheurs, à imiter Charles V et Henri IV; il travaillera toute sa vie à les faire oublier. Combien d'années n'a-t-il pas vécu; quelle longue expérience n'a-t-il pas acquise dans les solitudes où il s'est enseveli depuis 1792 avec un courage, avec une résignation, avec une grandeur d'âme et une fermeté de caractère trop peu connus, trop peu sentis, mais dont la postérité ne parlera qu'avec le plus touchant intérêt.

« Pour le bonheur de la France, le roi se trouve réunir la maturité d'une longue et douloureuse existence avec la vigueur de l'âge qui permet de concevoir de grands projets de réforme, de législation et d'administration, parce qu'il promet tout le temps nécessaire pour les exécuter avec tranquillité.

« Enfin son propre intérêt, *le dernier des liens pour lui*, mais le garant le plus sûr aux yeux du SIÈCLE DE L'ÉGOÏSME, son intérêt ne sera-t-il pas de consoler la patrie et l'humanité des maux horribles qu'elles ont soufferts, d'en tarir la source, d'entretenir la paix et d'affermir son règne par les deux plus solides appuis de tous les empires, la justice et la bonté?

« Combien il sera secondé dans ses desseins généreux par son AUGUSTE FRÈRE, qui le premier a donné à l'Europe le signal de sauver la France, et de se sauver elle-même, qui s'afflige profondément de l'inaction affreuse pour

lui à laquelle il a été jusqu'à présent condamné, et qui n'aspire qu'à se montrer aussi
généreux, aussi magnanime que les ennemis
du peuple français s'étaient-efforcés de le
peindre vindicatif. »

FRAGMENTS

Tirés des Œuvres inédites de M. DE LIMON.

CAMPAGNE DE 1792.

IL n'y eut, comme tout le monde l'a vu, entre les alliés, ni concert, ni à-propos, et par conséquent point de succès.

Malheureusement le MANIFESTE que les puissances avaient fait rédiger demeura presque inconnu, parce qu'il contenait la déduction raisonnée des causes de la guerre; et la DÉCLARATION (1) qu'elles jugèrent convenable

(1) J'ai cité dans le titre de cet ouvrage M. de Limon comme rédacteur de ce célèbre manifeste. (Voy. les Mémoires de M. Bertrand de Molleville, *dernière* édition, et les journaux prussiens et francais de 1807.) On peut dire que cette déclaration du duc de Brunswick, si étrangement calomniée, n'a pas été bien connue elle-même. Les exemplaires de l'édition originale ne sont arrivés jusqu'à nous qu'en petit nombre. D'audacieux faussaires l'ont réimprimée en France, avec des interpolations

de donner sous le nom de leur généralissime, parce qu'elle renfermait les ordres, les injonctions et les menaces qu'elles croyaient nécessaires, fut répandue à Coblentz le 24 juillet par les ministres, quoiqu'ils eussent promis expressément à Mayence qu'elle ne serait connue et publiée qu'aux portes de Paris, lorsque l'on aurait franchi la ligne de forteresses, et que l'on pourrait se flatter que cette déclaration, précédée par la victoire, ferait une grande impression sur les Parisiens, *et mettrait en sûreté les jours du roi et de la reine.* Mais cette publication anticipée produisit un effet contraire : elle rendit ridicule une menace impuissante restée sans exécution ; les factieux, consternés dans le premier moment, s'en irritèrent ensuite, et cette imprudence inexplicable eut les suites les plus fâcheuses.

évidentes qui n'étaient certainement dans le cœur ni du duc de Brunswick, ni de l'éloquent écrivain qui lui prêta sa plume. (*Note de l'Editeur.*)

VIE PRIVÉE DE LOUIS XVI.

Après son mariage, il recommença son éducation. Aidé par la douce influence d'une compagne chérie, il travailla d'abord sur lui-même, et forma son caractère. On craignait qu'il ne fût sévère : il se modéra, et ne fut que juste. Il haïssait le luxe, mais il apprit à animer l'industrie, à favoriser les manufactures. Il aimait la retraite, mais il se familiarisa avec les hommes, puisqu'il devait les gouverner. Ses goûts étaient simples et purs comme lui. Il admirait sans cesse ces arts ingénieux dont la simplicité nous dérobe les merveilles, qui contribuent à notre bonheur de tous les moments, et dont nous ignorons l'origine, parce que le monde oublie toujours le nom de ses bienfaiteurs. Jeune encore, il donna quelques moments de loisir à ces arts précieux : qui oserait le regretter ? Appelé à les protéger, son devoir était de les connaître. D'ailleurs, dans un rang aussi élevé, avec des entours que l'on n'a pas choisis, que l'on ne peut pas assez connaître, il vaut mieux souvent s'amuser avec soi que de s'ennuyer, ou de se corrompre avec les autres.

Il s'était d'abord appliqué à la géographie, car il faut connaître le globe pour en étudier l'histoire, et il fut, je ne crains pas d'être démenti, l'un des premiers géographes de son siècle.

L'histoire ouvrit aussi au roi ses inépuisables trésors. Les princes ne peuvent voir les hommes qui les entourent que dans les hommes qui ne sont plus. La vérité n'existe pour eux que dans le passé et l'avenir. L'un les instruit, l'autre les punit ou les récompense.

On sent qu'avec ses vues il s'attacha particulièrement à l'histoire de sa maison ; il vivait sans cesse avec saint Louis et Henri IV, il s'efforçait de les imiter, et il n'avait besoin que de rencontrer un Suger ou un Sully pour les faire oublier.

Ceux qui l'approchaient de plus près n'en ont jamais douté. Ils apercevaient Henri IV quelquefois dans ses traits, souvent dans ses discours, et toujours dans ses intentions.

On crut surtout voir et entendre le vainqueur de la Ligue, lorsque l'infortuné Louis XVI revenant de Varennes, entouré de satellites, et au milieu des menaces des conjurés et des assassins, plus occupé des dangers de ses serviteurs fidèles que des siens propres, dit au duc de Brissac qui se précipitait sur sa main pour la baiser : *Éloignez-vous, mon ami, ils vous regardent tous.* Brissac s'éloigna en effet, mais ce fut pour mériter de mourir bientôt pour son roi.

Louis XVI s'abandonnait à ses affections, parce qu'il était bon, et qu'elles étaient honnêtes : il commandait à ses passions parce qu'elles étaient douces, et qu'il était vertueux. Compatissant à l'excès, personne au monde n'attacha plus de prix que lui à la vie des hommes, et ne fut plus sensible aux malheurs de l'humanité; ennemi de la calomnie, comme s'il eût prévu qu'il en serait la victime, le sarcasme, l'épigramme, la malignité, ces poisons lents de la société, toujours détestés et toujours accueillis, ne réussissaient jamais auprès de lui; juste par principe, bienfaisant par volupté, et l'on sait si c'en est une grande de faire des heureux, il était doux par habitude, courageux sans effort, confiant sans indiscrétion, difficile, mais fidèle en amitié; sa conversation était simple, sans la prétention d'instruire ni d'amuser; son esprit était solide, sans brillant; ses manières si naturelles, sa bonté si noble et si familière qu'il était également difficile en causant avec lui de se souvenir qu'il était roi, et de l'oublier. En un mot, ses vertus, ses qualités, ses faibles, s'il en avait, tout tenait en lui à la religion ou au sentiment, et rien au calcul ni aux passions.

RÉVOLUTION DE 1789.

DEUX ministres estimés dans l'Europe (1) paraissent à la tête du conseil du roi, mais il est trop tard ; tous les ressorts du gouvernement sont brisés, le trésor royal n'existe plus, la Bastille est livrée, l'hôtel des Invalides n'est pas défendu ; trois jours se passent, et la France est perdue. Les ministres s'évadent ; les amis du roi se dispersent et se dérobent.

Une famille illustre (2), que des fonctions précieuses attachaient plus particulièrement à la famille royale, est indiquée pour victime aux scélérats ; elle veut périr au pied du trône, mais l'autorité prête sa force à l'amitié, et l'oblige de se retirer, riche seu-

---

(1) M. le baron de Breteuil et M. de La Vauguyon.

(2) M. le duc et madame la duchesse de Polignac, gouvernante des Enfants de France.

lement des bontés de ses maîtres et malheureuse de leurs malheurs.

Tout est sacrifié dans ces temps douloureux. M. le comte d'Artois, averti par un de
ses plus fidèles serviteurs de dérober une tête
auguste aux poignards des conjurés, s'éloigne
et emporte au loin l'amour et l'espoir de la
France, et l'épée de Henri IV, seul bien qui lui
reste de l'héritage de ses aïeux. On voit aussi
s'éloigner sur ses pas ses enfants, dignes déjà
de partager ses malheurs et son héroïsme. Son
départ n'est pas une séparation, mais un déchirement dans la famille royale. Les frères
s'embrassent, hélas ! pour la dernière fois.
Condé, Bourbon, d'Enghien, noms chers à
la victoire et à la France, noms maintenant
révérés de l'Europe entière, vous partez ! Mais
c'est le crime et les tyrans que vous fuyez : le
sang des Bourbons ne peut pas les avoir pour
maîtres.

MARTYRE DE LOUIS XVI.

Louis XVI, élevé dans ses derniers moments au-dessus de l'humanité, a montré en effet une vertu surnaturelle. Il a regardé sa mort comme la fin de son cruel martyre. Il n'en a senti l'horreur que par le regret de se séparer de cette épouse chérie, de son héroïque sœur, de ses deux enfants, augustes objets de ses soins, de son amour et de ses vœux douloureux.

Peut-on imaginer quelle est l'horrible situation d'un monarque puissant, vertueux et irréprochable, qui sait qu'il est condamné à un affreux supplice, et qui, pendant trois jours entiers, dans l'importunité du jour, dans la tristesse de la nuit, dans l'horreur d'un cachot, compte les moments et les heures, et accuse tour à tour le temps de précipiter sa marche ou de la retarder ; qui approche pour la dernière fois de tous les êtres qui lui sont chers, et qui se voit descendre tout vivant, dans un tombeau creusé par des factieux, loin des cendres de ses pères?

Et cette reine infortunée dont la vie n'est plus qu'une agonie déchirante; et cette sœur auguste que le monde aurait dù invoquer de son vivant; et ce faible enfant qui, né pour le sceptre, n'a encore eu que des fers pour hochets, et ne trouvera plus désormais le sourire sur les lèvres de sa mère; et cette jeune princesse que l'on craint de voir expirer dans les convulsions de la douleur!

Quel est leur tourment de voir, de presser, de serrer dans leurs bras, et de serrer pour la dernière fois l'objet de toutes leurs affections!

Au moindre bruit, leur émotion, leur effroi se manifestent; ils craignent qu'on ne vienne l'arracher de leurs mains; la porte s'ouvre, les barbares entrent, il faut se séparer. Quoi! pour jamais?.... Non, ils ont encore l'espérance de se revoir le lendemain. Mais le lendemain Louis XVI veut épargner à sa famille ce déchirement horrible.

Le roi, dans un char funèbre, est traîné à pas lents, pendant deux longues heures, à son dernier moment. Tout entier au sein de Dieu, il est déjà détaché de la terre. Il arrive. Quel spectacle, grand Dieu ! Mon cœur se glace, et je frissonne d'horreur. *Fils de saint Louis, montez au ciel*, lui dit le saint prêtre qui l'accompagnait. Le roi monte : sa grandeur est sans effort, sa fermeté sans ostentation ; il ne s'aperçoit pas que le monde entier a les yeux fixés sur lui. L'exécuteur de l'odieux décret s'avance.... Arrête, barbare..... l'huile sainte a coulé sur sa tête ; c'est le fils de nos rois, c'est ton roi, c'est ton maître que ton bras va immoler. Louis XVI veut parler, il n'a que le temps de dire qu'il est innocent et qu'il pardonne. Le peuple s'attendrit ; Santerre, le farouche Santerre précipite l'infernale exécution, de crainte que le remords ne sauve une fois l'innocence.

Le signal est donné, l'enfer fait mouvoir l'horrible machine ; on dirait qu'elle se refuse à un aussi grand crime, elle hésite.... Mais, grand Dieu ! c'est pour augmenter le supplice de sa victime. Un cri douloureux se fait entendre : il déchire mon cœur, il retentit dans le ciel, il afflige toute la terre ; l'éternité va commencer pour lui ; le roi n'est plus, et la France est descendue au tombeau.

Plus grand sur l'échafaud qu'il n'est possible de l'être sur le trône, Louis XVI vécut comme un sage, il meurt comme un Dieu. Son supplice finit, et le nôtre commence.

ANECDOTES

Sur quelques Conjurations qui ont éclaté pendant
la Révolution.

Un des fléaux qu'entraîne après lui un
gouvernement fondé sur l'usurpation , et par
cela même ombrageux et tyrannique, c'est de
compromettre perpétuellement la sûreté indi-
viduelle. Si quelques conjurés véritables voient
échouer leurs complots, s'ils sont traduits devant un tribunal, on a en même temps la
douleur de voir siéger à leurs côtés des hommes habitués aux fonctions les plus paisibles,
des femmes, des enfants même, bien étonnés d'être transformés en conspirateurs. Une
odieuse inquisition ne manque jamais de con-
fondre dans ses poursuites avec une poignée
de vrais coupables un plus grand nombre
d'innocents.

Les procès les plus mémorables de ce genre

sont sans contredit celui de Babœuf, instruit
par une haute cour à Vendôme ; celui de Brottier et La Villeurnoy , instruit à Paris devant
un conseil de guerre ; ceux d'Aréna et Cérac-
chi , de Saint-Réjant , du général Moreau, et
en dernier lieu , la singulière conspiration de
Malet.

Les débats de tous ces procès (excepté le
dernier), ont été textuellement recueillis par
le procédé de la sténographie , et imprimés:
La collection en est très-volumineuse : il est
d'ailleurs quelques détails qui ne sont pas gé-
néralement connus; qu'il me soit permis de
citer à ce sujet plusieurs faits curieux.

Le procès de Babœuf pourrait être appelé
une *conspiration de cabaret*, et ne mériterait
qu'un profond mépris , si l'on ne savait combien à certaine époque les partisans de la dé-
mocratie furent redoutables par leur nombre
et par l'influence de leurs exécrables principes.

Sur plus de trente accusés qui figuraient
dans le procès de Vendôme , deux seulement,
savoir Babœuf et un nommé Darthé furent

punis de mort. Ce dernier, digne secrétaire de Joseph Lebon, avait rédigé le plus infâme des plans de conspiration ; chaque ligne respirait la férocité et le carnage : le crime s'y montrait dans toute sa turpitude. On y lisait :

« TUER les cinq, les sept ministres, le gé-
« néral de l'intérieur et son état-major ; s'em-
« parer des salles des Anciens et des Cinq-
« Cents ; *faire main basse* sur tout ce qui s'y
« rendrait. »

Le misérable Babœuf paraissait un homme d'un naturel assez doux, mais que d'absurdes rêveries avaient gâté. C'était par excès de philanthropie qu'il prêchait le pillage, le meurtre, l'incendie, la révolte contre toutes les autorités divines et humaines. Dans ses longues plaidoiries il ne parlait que de *bonheur commun*, de son ardent désir de voir une égalité absolue s'établir parmi les hommes ; tranquille dans sa prison, isolé de tous ses complices, il paraissait bon époux, bon père !

Regrettons que l'on ait donné tant de solennité à un pareil procès, qui dura dix-huit mois d'instruction , quatre mois de débats publics, et coûta plus d'un million. On fit toutes ces dépenses; on déploya tout cet appareil parce qu'un soi-disant *représentant du peuple*, Drouet, qui en résultat fut acquitté, s'y trouvait compromis.

L'humanité n'eut pas à gémir du résultat du procès instruit contre MM. de La Villeurnoy, l'abbé Brottier et Duverne de Praîle. Ils ne furent condamnés qu'à un emprisonnement temporaire. Mais peu de temps après la révolution du dix-huit fructidor arriva. On les déporta tous à Cayenne; l'abbé Brottier, l'estimable éditeur de Plutarque, et M. de La Villeurnoy y finirent leurs jours.

Pendant ces tristes débats, la fille de l'accusé La Villeurnoy ne put retenir un mouvement d'indignation en voyant entrer dans la salle le dénonciateur, celui qui après avoir promis , en sa qualité de colonel de la garde du Directoire, de devenir le Monk de la France, avait livré les conjurés à la police : elle l'apostropha de l'épithète de *coquin*. Alors le

président en fit de justes réprimandes à mademoiselle de La Villeurnoy. « M. le président,
« dit aussitôt le principal accusé avec émo-
« tion, mais avec noblesse : Je vous suis obligé
« de cette sévérité. Ce trait n'est pas conforme
« à l'éducation que ma fille a reçue ; mais la
« piété filiale l'a emportée. Sortez, ma fille ».

Le dénonciateur, il faut en convenir, ne
paraissait pas fait pour jouer le rôle qu'il rem-
plissait. Peut-être s'était-il arrêté par terreur
au moment de l'exécution, et n'avait dénoncé
le complot que parce qu'il n'y avait plus
pour lui d'autre manière de reculer. Il est cer-
tain qu'il refusa long-temps de nommer une
personne fortement compromise dans le procès ; il prétendit avoir oublié son nom, et ne
le cita à l'audience que sur l'invitation d'un
des accusés même. Cette personne s'était
mise, par la fuite, hors du danger d'une
telle révélation.

Le procès d'Aréna et celui relatif à l'explosion de la rue Saint-Nicaise piquèrent dans
le temps la curiosité. Ce qu'il y a de plus sin-

gulier dans le premier, c'est que les accusés, après avoir été déclarés par le jury coupables d'un complot contre la vie de Buonaparte, et condamnés à mort par les juges, furent sur le point de voir l'arrêt cassé. On démontrait avec une grande vigueur de raisonnement que la loi de 1791, relative aux complots contre le souverain, étant abrogée, ne pouvait être ressuscitée à l'occasion du premier consul. Les voix furent partagées au tribunal de cassation ; mais la majorité des nouveaux juges appelés pour vider le partage se prononça contre les accusés.

La vertueuse mademoiselle de Cicé, sœur de l'archevêque d'Aix, figurait dans le procès de l'explosion, avec d'autres personnes non moins estimables, non moins distinguées par leur piété solide et le rang qu'elles occupent dans la société.

On produisait contre mademoiselle de Cicé différents papiers trouvés chez elle, tous relatifs à des actes de piété ou de bienfaisance ; mais on donnait l'interprétation la plus odieuse à quelques mots exprimés par de simples initiales. M. Bellart, avocat de cette personne vertueuse, la défendit avec autant de talent que de zèle et de courage, et porta la conviction dans tous les esprits.

Jetons un voile sur les égarements de quelques hommes désespérés qui, pour détruire l'ennemi de leur roi, attentèrent inhumainement à la vie d'une multitude de citoyens paisibles. Le général Georges et ses principaux officiers ont toujours soutenu n'avoir eu aucune part à l'événement de la rue Saint-Nicaise. On n'a pu prouver la complicité d'aucun royaliste de distinction.

Ce qu'il y a d'étrange, c'est que les auteurs de ce projet paraissent n'en avoir conçu la pensée que peu de jours auparavant. On venait d'arrêter avec éclat les nommés Metge et Chevalier, et plusieurs autres hommes d'une opinion tout opposée à celle des royalistes. On avait découvert qu'ils devaient faire jouer une machine infernale pour exterminer celui qu'ils appelaient *le petit Caporal.*

Il paraît que quelques Vendéens, qui se trouvaient alors à Paris presque dénués de ressources, imaginèrent *in-promptu* de recourir à un procédé tout semblable, sans en calculer sans doute l'épouvantable atrocité.

C'est ce qui résulte manifestement d'un rapport assez curieux de l'ancien ministre de la police. Il a été imprimé dans un temps où, par une sorte de respect humain pour les formes républicaines, on donnait encore quelque publicité aux actes de l'administration. J'y remarque le passage suivant.

« Le 15 frimaire on se rassemble pour ar-
« rêter définitivement le moment et le genre
« de l'assassinat; mais, des deux individus qui
« au milieu de ces scélérats *servaient la po-*
« *lice*, l'un laissa tomber son masque en en-
« trant à midi au ministère de la police, et
« *l'autre me fut enlevé par une circonstance*
« *imprévue et forcée* qui vous est connue.

« Il y a apparence que l'idée du complot
« de Chevalier fit songer à l'explosion des ba-
« rils à poudre : cette idée aura d'autant

« mieux été accueillie, que le soupçon du
« crime devait naturellement tomber sur les
« auteurs du premier complot.

« La police n'avait, dans cette circonstance,
« d'autre parti à prendre que celui de faire
« arrêter ceux qu'elle ne pouvait plus suivre....
« malheureusement une autre arrestation,
« faite à côté d'eux, leur donna l'alarme. *On
« ne les vit plus nulle part; on ne les enten-
« dit plus: on les chercha toujours.* »

Le procès du général Georges et du général Moreau, commencé dans le temps même
où Buonaparte revêtit la pourpre impériale,
eut une grande célébrité, il fixa l'attention de
l'Europe entière. Georges, dont on avait
publié des signalements hideux dans des journaux, dans des placards, dans des listes de
brigands étonnés de renfermer les noms les
plus purs, les plus glorieux, Georges inspira
un grand intérêt. Il n'avait ni les manières, ni
le ton d'un assassin. Tous les éléments du
procès repoussaient d'ailleurs une pareille
idée; il n'était en effet question, dans son plan

de conspiration, que d'*enlever* et non pas de *massacrer* celui qui s'était arrogé le pouvoir suprême. Sa voix était douce, ses gestes étaient nobles ; il refusait de s'expliquer sur toutes les charges du procès, afin de ne compromettre personne.

Le général Moreau mit dans ses discours une sublime simplicité. Tout le monde se rappelle cette séance mémorable, où il fut applaudi par d'imprudents auditeurs, car il y a toujours une indécence répréhensible à donner dans le sanctuaire de la justice des marques d'approbation ou d'improbation (1).

Qui ne connaît le génereux dévouement de messieurs de Polignac, de ces deux frères âgés alors l'un de trente-deux, l'autre de vingt-trois ans? « Je n'ai plus , dit M. Ar-

______

(1) On assure qu'au sortir de cette séance Georges dit dans sa prison : A la place du général Moreau j'irais coucher ce soir aux Tuileries. Cette anecdote me paraît beaucoup plus certaine que tant d'autres choses qu'on a débitées au sujet de Georges , et qui presque toutes sont controuvées.

« mand de Polignac à ses juges, en terminant
« sa défense; je n'ai plus qu'un seul vœu à
« faire; si le glaive que vous suspendez sur
« nos têtes doit menacer l'existence des accu-
« sés, ah! *Sauvez mon frère* en faveur au
« moins de sa jeunesse, si ce n'est de son in-
« nocence; SAUVEZ MON FRÈRE, et faites re-
« tomber sur moi tout le poids de votre cour-
« roux. »

M. Jules de Polignac ne put accepter un
tel sacrifice; il dit avec un trouble inexpri-
mable : « Ah ! Messieurs, n'ayez point égard
« à ce que vous a dit mon généreux frère. Je le
« répète au contraire, et avec plus de justice :
« si l'un de nous doit succomber, s'il en est
« temps encore, sauvez - le! rendez - le aux
« larmes de son épouse ; je n'en ai point;
« comme lui, je sais braver la mort; trop
« jeune encore pour avoir goûté la vie, puis-
« je la regretter (1) » ?

____

(1) Ces vœux faillirent n'être que trop exaucés.
Le frère aîné se vit seul condamné à la peine capi-

M. Billecocq, l'un des avocats les plus distingués du barreau de Paris, était chargé dans ce même procès de la défense du marquis de Rivière. Interrompu plusieurs fois dans sa plaidoirie, il ne put présenter en faveur de son client toutes les considérations, tous les moyens qui pouvaient le soustraire à la proscription, il termina cependant son discours par un rapprochement historique fort ingénieux.

« Ce qui reste prouvé, disait-il, c'est que
« Charles de Rivière est, aux dépens de sa
« vie même, *fidèle à l'amitié dans le mal-*
« *heur*. Voilà tout ce qui demeure démontré.

« Magistrats, plus d'une fois, en lisant tale, et le jeune frère fut condamné à deux ans de prison. Quelques jours après, la peine prononcée contre M. le comte Armand fut commuée en quatre années d'emprisonnement. Cependant on ne lui a pas tenu parole ; il a langui avec Jules pendant dix ans dans une étroite captivité. Un événement presque miraculeux a rendu la liberté aux deux frères peu de jours avant le terme marqué pour notre délivrance à nous tous.

« l'histoire, vous avez vous-mêmes admiré de
« pareils monuments de ce dévouement su-
« blime, de cette fidélité dans d'éclatantes
« adversités. Vous avez admiré ce comte
« Hamilton s'enfonçant, avec le malheureux
« Charles Ier, dans les forêts d'Ecosse ! Vous
« avez admiré ce lord Montrose, promenant
« ses cheveux blancs et ses infortunes sur les
« montagnes de la même contrée.

« Vous avez admiré ce vénérable Males-
« herbes, sortant, à quatre-vingts ans, de la
« retraite à laquelle il s'était volontairement
« condamné, pour venir offrir au dernier de
« nos rois, détrôné et accusé, les derniers
« efforts d'une vie prête à s'éteindre ?

« Vous avez admiré de pareils exemples,
« vous les proposeriez pour modèles ! Et
« lorsqu'un pareil homme, qui ressemble à
« tous les hommes que je viens de nommer,
« se trouve au milieu de vous, que dis-je ?
« lorsqu'il est là, lorsque vous êtes ses juges,
« vous pourriez, magistrats, l'envoyer à
« l'échafaud ! »

La conspiration de Malet, ou plutôt l'audacieux mouvement que tenta ce général vers la fin de 1812, et qui fut si près d'être couronné du succès, offre des singularités inouïes dans l'histoire.

Un homme avait été arrêté, il y a peu d'années, comme auteur du plus extravagant des complots. Les moyens qu'il projetait d'employer parurent si misérables, si absurdes; lui et ses coaccusés avaient en eux-mêmes ou par leurs relations si peu de ressources, qu'on ne les jugea pas dangereux. Quelques-uns furent mis en liberté; d'autres furent retenus, mais avec peu de rigueur. Le principal conjuré, après avoir été enfermé à Vincennes, obtint la permission de se retirer dans une maison de santé où il était à peine surveillé.

C'est cependant ce même homme qui dans sa prison renouvelle tout à coup un projet absolument semblable. Les résultats probables de la campagne de Moscou lui en fournissent l'occasion. Il rédige à lui seul, et dicte à

un scribe divers sénatus-consultes et procla-
mations dont il laisse les dates en blanc.

Quels seront les principaux instruments de
l'importante révolution qu'il prépare ? des
hommes qui, jusqu'au dernier moment,
n'auront aucune connaissance de ses desseins,
à qui peut-être même il ne fera pas une con-
fidence entière lorsqu'il s'agira de le seconder.

Il pousse l'audace jusqu'à supposer l'active
coopération et la SIGNATURE de plusieurs
membres du Sénat; il établit, de son autorité,
un gouvernement provisoire dont le général
Moreau est le président et M. Carnot le
secrétaire. Il s'inscrit lui-même sur la liste
des nouveaux gouvernants, en se nommant, à
la vérité, par modestie, un des derniers; et
se crée général de division, quoiqu'il n'eût
jamais été que général de brigade.

C'est cependant sous ce dernier uniforme
qu'il doit agir et exécuter son mouvement; il
joue en conséquence un double personnage, et
se donne le nom de général Lamotte, porteur
des ordres du général Malet.

Le 12 octobre était le jour fixé par Malet pour la levée de bouclier qu'il projetait. On le voit évidemment par les bons destinés à la solde des troupes, et qui relataient un prétendu sénatus-consulte du 11 octobre (1). Une circonstance inattendue dérange ses combinaisons (2). On diffère jusqu'à la nuit du 21 au 22 octobre. Malet, accompagné de l'abbé L....., se rend chez un prêtre espagnol nommé Caamano. Là un sous-officier de la garde de Paris revêt un habit d'aide-de-camp ; un étudiant en droit ceint l'écharpe

(1) Par une inadvertance inexplicable, on ne prit pas la peine de recommencer les bons le 22 octobre, et leur examen seul aurait dû ouvrir les yeux du chef de la dixième cohorte, qui en reçut un pour le paiement de sa troupe.

(2) C'était un dimanche ; il y avait eu une course au Champ de Mars malgré une pluie affreuse. Les militaires, fatigués et tout trempés, n'auraient point marché au milieu de la nuit sans quelques murmures. Malet et un de ses associés étaient déjà sortis à huit heures du soir de leur prison, mais ils y rentrèrent.

de commissaire de police. On se rend à la caserne de la 10ᵉ cohorte du premier ban, quartier de Popincourt. Le sieur Soulier, qui commandait cette cohorte, était incommodé d'une fièvre violente. On lui donne connaissance des prétendus actes du Sénat, qui annoncent la mort de Napoléon et la déchéance de sa famille; il permet que lecture en soit faite à sa troupe rangée sous les armes, et que la presque totalité de sa cohorte marche sous les ordres de Malet.

De là les conjurés s'acheminent vers la prison de la Force, où ils mettent en liberté Lahorie, ancien chef d'état-major de Moreau, un autre général nommé Guidal, et divers prisonniers d'état. Lahorie et Guidal, avec une partie de l'escorte, se mettent en route vers les hôtels du ministre de la police et du préfet de police, arrêtent ces magistrats, et attendent que Malet vienne les rejoindre.

Tout était consommé peut-être si Malet eût obtenu le même succès à l'état-major. Il parvint, à la vérité, à surprendre le général

Hullin, lui tira un coup de pistolet et le laissa pour mort; mais l'adjudant Doucet, à qui il avait eu l'imprudence d'envoyer une copie des pièces par une espèce de parlementaire, eut le temps d'examiner ces actes, de reconnaître qu'ils manquaient de tous les caractéres d'authenticité, et de prendre son parti.

Assisté du chef d'escadron Laborde, M. Doucet se saisit du général Malet en présence même de son escorte. Le sous-officier, travesti en aide-de-camp, perdit la tête; il s'enfuit en jetant un gros portefeuille. Ce mouvement fut décisif; l'escorte de Malet ne prit pas sa défense, et forte de 25 hommes se laissa désarmer elle-même par cinq ou six dragons. Le piquet resté sur la place Vendôme se soumit également.

Bientôt après, Lahorie et Guidal, abandonnés à eux-mêmes, furent arrêtés; on les traduisit devant une commission militaire, ainsi que tous les officiers qui avaient marché sous leurs ordres.

Tout le monde connaît le résultat de ce

procès. Il était impossible que ceux-mêmes qui n'étaient qu'égarés, je dirai plus, *mysti-fiés* (car jamais on n'abusa plus étrangement de la crédulité des hommes), ne subissent point le sort réservé à tous ceux qui échouent dans un complot contre le gouvernement établi. *Væ victis !*

Le colonel Rabbe, commandant de la garde de Paris, fut aussi condamné à mort, non pour avoir agi, mais pour avoir communiqué à ses officiers les ordres de Malet. Il obtint depuis la commutation du dernier supplice en une *prison perpétuelle*. Il a été rendu dernièrement à la liberté.

Le jeune et infortuné Augustin Rateau (le faux aide-de-camp) fut aussi l'objet de quelque commisération, si toutefois *les galères à perpétuité* ne sont pas mille fois plus cruelles que la mort ! Il est probable que l'heure de sa délivrance a également sonné.

Il serait difficile de fixer au juste quelles pouvaient être les vues du général Malet ; s'il voulait rétablir les Bourbons ou la république. Dans son sénatus-consulte, toutes les dignités, toutes les institutions du gouvernement impérial étaient abolies. Le ruban de la légion d'honneur était conservé, mais il était défendu d'en porter la décoration, et de conserver aucun des titres de la nouvelle noblesse.

Au moment où l'hôtel de la police était occupé par Lahorie, le conseiller-d'état R***, fort étonné de ce tumulte, se présenta pour entrer, et déclina son nom, le comte R***. Il n'y a plus de *comte*, répondit l'officier qui gardait la porte.

On a plaint le sort des malheureux officiers qui servirent, en instruments aveugles, les projets de Malet. Cependant on attribue à l'un d'eux un propos atroce. Irrité des ménagements dont usait Lahorie envers un fonctionnaire public, il s'écria : « Pourquoi « perdre tant de temps? il faut enfiler cela « comme des grenouilles. »

Ce discours, rapporté par Guidal lui-même, quoiqu'il n'en pût indiquer précisément l'auteur, ne justifia que trop l'exemple terrible de sévérité que l'on crut devoir déployer dans cette conjoncture difficile.

Au surplus il n'est point vrai, comme on l'a prétendu dans le temps, que Malet ait soutenu opiniâtrément devant ses juges la réalité de la mort de Napoléon. Il ne le pouvait en présence des bons sur la caisse d'amortissement datés du 11 octobre, lorsque dans le sénatus-consulte du 21, on annonçait la mort de Buonaparte comme arrivée le *sept* du même mois. Comment *en quatre jours* le Sénat aurait-il pu recevoir une pareille nouvelle ?

La vérité est que Malet prononça quelques mots pour justifier Rateau et d'autres officiers, mais, bien instruit de son sort, dédaigna toute défense personnelle. Lorsqu'on l'invita à parler, il dit avec assez de fermeté :

« Un homme qui a voulu venger son pays « n'a pas besoin de défense : *il triomphe ou il* « *meurt !* »

Ne craignons plus le retour d'événements

aussi affligeants ; car il eût été fâcheux peut-être que Louis XVIII n'eût dû qu'au succès d'un complot obscur le bonheur d'être replacé sur le trône de ses pères. Une guerre civile, en pareil cas, eût été presque inévitable.

Quelles conspirations pourraient aujourd'hui se tramer contre des princes appelés par le vœu des Français! Quels complots auraient-ils à redouter? Quels bénéfices les auteurs de tels attentats pourraient-ils s'en promettre. Le guerrier ambitieux que l'on vient d'expulser *portait en lui-même toute sa dynastie;* sa mort ou son abdication, qu'elle qu'en fût l'époque, quelle qu'en fût la cause; en un mot la cessation de son existence, ou naturelle, ou politique, devait produire en Europe de grands et d'inévitables changements. Il n'en sera plus ainsi. Cette vieille. maxime de nos pères, que le *Roi ne meurt point en France,* nous met désormais à l'abri de toutes révolutions.